JEUNES SAVANTS

L'équilibre

Terry Jennings – Michel Carlier

Éditions Gamma – Éditions du Trécarré

Que t'apprendra ce livre?

Ce livre te fera connaître beaucoup de choses
sur l'équilibre. Il t'expliquera comment les
objets sont en équilibre, ce qui améliore
leur stabilité et comment fonctionne une balance.
Il te proposera aussi différentes activités et
expériences à faire. Il t'indiquera par exemple
comment faire tenir en équilibre un oiseau
et une poupée en papier, et comment
construire un mobile.

L'édition originale de cet ouvrage
a paru sous le titre: *Balancing*
Copyright © BLA Publishing Limited, 1989
TR House, Christopher Road,
East Grinstead, Sussex, England
All rights reserved

Adaptation française de M. Carlier
Copyright © Éditions Gamma, Tournai, 1991
D/1991/0195/29
ISBN 2-7130-1163-9
(édition originale: ISBN 0 531 17175 2)

Exclusivité au Canada:
Éditions du Trécarré, 817, rue McCaffrey,
Saint-Laurent (Québec) H4T 1N3
Dépôts légaux, 2e trimestre 1991,
Bibliothèque nationale du Québec
Bibliothèque nationale du Canada
ISBN 2-89249-370-6

Illustrations de David Anstey

Imprimé en Belgique par Proost N.V.

Regarde les enfants de l'image. Ils restent debout, sans tomber: ils sont en équilibre. Une fille est en équilibre sur sa tête, une autre l'est sur un banc, et le garçon sur une brique.

3

Nous pouvons tenir en équilibre notre corps ou aussi des objets. Les enfants de l'image tiennent des objets en équilibre. Le garçon maintient une balle sur ses pieds.

La fille tient un balai debout sur sa main.

4

Ce garçon tient un panier en équilibre.

La fille tient un livre en équilibre sur sa tête. Il est facile de garder le panier stable, parce qu'il a un fond large. Il est plus difficile de garder le balai droit, quand il repose sur le bout du manche.

5

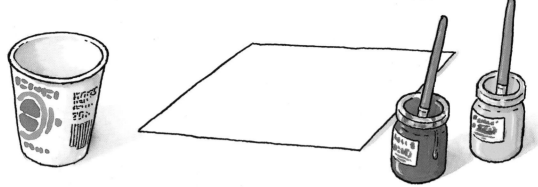

Construis un porte-crayons comme celui-ci.
Colle du papier blanc autour d'un gobelet en
plastique et peins-le. Si tu y mets maintenant
tes crayons, le gobelet se renversera. Mais
tu peux le faire tenir en équilibre en mettant
un bloc de pâte à modeler dans le fond.

Ce garçon a deux bouteilles en plastique de même grandeur. Il verse du sable dans l'une d'elles. Puis il place les deux bouteilles côte à côte, et les pousse pour les renverser. Il renversera plus facilement la bouteille vide.

Réalise cette expérience.
Prends deux boîtes de
même grandeur. Mets
de la pâte à modeler dans
le fond d'une des boîtes
et dans le couvercle
de l'autre. Puis pose
une des boîtes sur
un livre et soulève
doucement sa couverture
pour faire glisser
la boîte.

Fais la même chose
avec l'autre boîte. Tu
remarqueras que la boîte
qui a de la pâte à modeler
dans son couvercle
glissera plus vite.

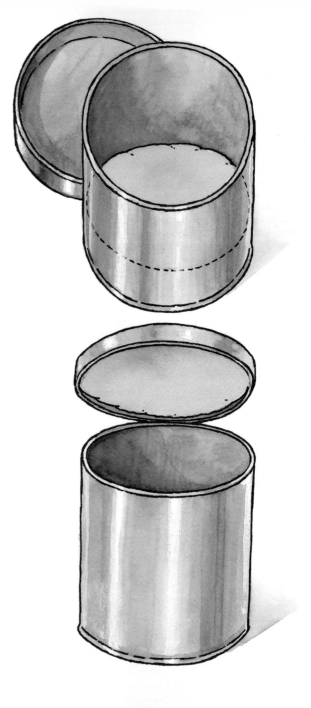

Les objets ont un meilleur équilibre quand leur bas est lourd. Le bas de cet autobus est très lourd. Ainsi il peut pencher assez fort sans se renverser.

L'autobus de l'image est incliné: on veut voir jusqu'où il peut pencher sans se renverser. Dans cet autobus, les gens peuvent rester debout en bas, mais pas en haut: ceci rendrait l'autobus moins stable.

Cette fille roule à bicyclette.
Elle doit garder son équilibre.
Elle le fait plus facilement quand elle
roule vite. Sa sœur a un tricycle. Elle reste
plus facilement en équilibre sur un tricycle
que sur une bicyclette. C'est parce qu'un
tricycle a trois roues, et une bicyclette
seulement deux.

Ces enfants jouent à la balançoire dans un parc. Deux d'entre eux sont placés à un bout de la balançoire, et le troisième est assis à l'autre bout. La balançoire n'est pas en équilibre.

Les deux enfants qui étaient assis
à un bout de la balançoire ont bougé:
ils se sont rapprochés du milieu.
Maintenant la balançoire est en
équilibre.

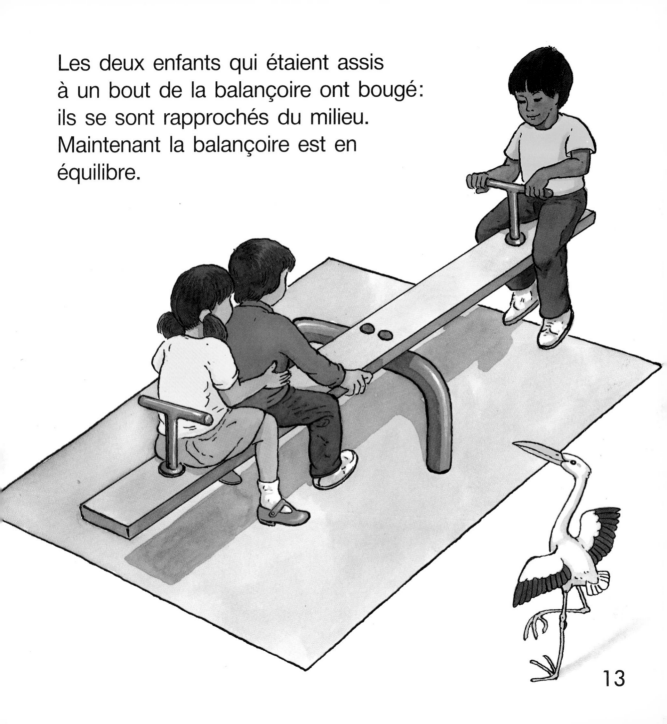

Fabrique une balançoire comme celle-ci.
Remplis un gobelet en papier avec du sable.
Enfonce une aiguille au milieu d'une paille
et ensuite dans le côté du gobelet, pour y
attacher la paille. Ta balançoire bougera
facilement.

14

Glisse un trombone à
un bout de la balançoire.
Elle penchera de ce côté.

Glisse un trombone à
l'autre bout de la
balançoire. Le poids
sera le même de chaque
côté. La balançoire sera
à nouveau en équilibre.

Maintenant pose encore
un trombone sur la
balançoire. Elle penchera
de nouveau.

Pour remettre la
balançoire en équilibre,
déplace les deux trombones
voisins vers le milieu
de la balançoire.

Une balance est une sorte de balançoire.
Quand les objets de chaque plateau ont le
même poids, la balance est en équilibre. Quand
elle penche d'un côté, cela indique que ce
côté-là est plus lourd.

Regarde cette image. La boîte rouge
et la boîte bleue sont pleines. Mais
le contenu de la boîte bleue est plus lourd
que celui de la rouge.

Un garçon utilise sa balance. Il pose
un poids de cinq cents grammes sur un
plateau de la balance et une petite
voiture sur l'autre. La balance n'est
pas en équilibre, parce que le poids
est plus lourd que la voiture. Cela
signifie que la voiture pèse moins
de cinq cents grammes.

Les grands objets ne sont pas toujours plus lourds que les petits. Deux enfants essaient de faire tenir en équilibre une balle et un ballon. La balle pèse plus que le ballon, même si celui-ci est plus grand.

Fabrique une petite poupée «équilibriste».
Découpe une forme de poupée dans du carton fin
et colorie-la. Puis prends une demi-coquille
d'œuf vide et remplis-la de pâte à modeler.
Enfonce doucement la poupée dans la pâte.
Pousse la poupée avec ton doigt:
elle se penchera, puis se remettra
droite d'elle-même.

Fabrique cet oiseau
«équilibriste». Dessine sa
forme sur du carton épais
et découpe-la. Pose
l'oiseau sur le dossier
d'une chaise. S'il tombe,
colle de la pâte à modeler
sur sa queue. Il restera
alors en équilibre.

Construis ce mobile.
Découpe des formes dans
du carton et colorie-les.
Puis attache-les à de
fins bâtons comme ceci.

Si un bâton penche, déplace un peu la ficelle
qui le soutient. Alors le mobile sera en
équilibre. Les courants d'air dans la pièce
feront bouger le mobile.

Certains animaux gardent bien leur
équilibre. Le flamant rose du dessin
reste en équilibre sur une patte quand
il dort. Beaucoup d'oiseaux se posent
sur des fils téléphoniques. Ils les
serrent avec leurs pattes, et leur
queue et leur corps leur donnent
l'équilibre. Le kangourou bondit
sur ses deux pattes et utilise
sa queue pour rester en équilibre.

Glossaire

Tu trouveras ici l'explication de quelques mots spéciaux qui sont employés dans ce livre.

balance: instrument pour peser.

bicyclette: véhicule à deux roues, ayant des pédales, et sur lequel tu peux rouler. On l'appelle aussi vélo.

équilibre: état de ce qui ne tombe pas (oiseau sur un fil), ou d'une chose dont les deux parties sont à la même hauteur (balance).

mobile: décoration suspendue, qui bouge dans l'air.

pencher: mettre un côté plus bas que l'autre, incliner.

tricycle: véhicule à trois roues et à deux pédales, sur lequel tu peux rouler.

Index